BEI GRIN MACHT SICH IHR WISSEN BEZAHLT

- Wir veröffentlichen Ihre Hausarbeit, Bachelor- und Masterarbeit
- Ihr eigenes eBook und Buch - weltweit in allen wichtigen Shops
- Verdienen Sie an jedem Verkauf

Jetzt bei www.GRIN.com hochladen und kostenlos publizieren

Bibliografische Information der Deutschen Nationalbibliothek:

Die Deutsche Bibliothek verzeichnet diese Publikation in der Deutschen Nationalbibliografie; detaillierte bibliografische Daten sind im Internet über http://dnb.d-nb.de/ abrufbar.

Dieses Werk sowie alle darin enthaltenen einzelnen Beiträge und Abbildungen sind urheberrechtlich geschützt. Jede Verwertung, die nicht ausdrücklich vom Urheberrechtsschutz zugelassen ist, bedarf der vorherigen Zustimmung des Verlages. Das gilt insbesondere für Vervielfältigungen, Bearbeitungen, Übersetzungen, Mikroverfilmungen, Auswertungen durch Datenbanken und für die Einspeicherung und Verarbeitung in elektronische Systeme. Alle Rechte, auch die des auszugsweisen Nachdrucks, der fotomechanischen Wiedergabe (einschließlich Mikrokopie) sowie der Auswertung durch Datenbanken oder ähnliche Einrichtungen, vorbehalten.

Impressum:

Copyright © 2005 GRIN Verlag
Druck und Bindung: Books on Demand GmbH, Norderstedt Germany
ISBN: 9783668727670

Dieses Buch bei GRIN:

https://www.grin.com/document/429084

Elisabeth Kahlo

Pierre Bourdieus Text "Verstehen". Wie wichtig ist die Qualität der Forschungsbeziehung für das Verstehen einer sozialen Realität?

GRIN Verlag

GRIN - Your knowledge has value

Der GRIN Verlag publiziert seit 1998 wissenschaftliche Arbeiten von Studenten, Hochschullehrern und anderen Akademikern als eBook und gedrucktes Buch. Die Verlagswebsite www.grin.com ist die ideale Plattform zur Veröffentlichung von Hausarbeiten, Abschlussarbeiten, wissenschaftlichen Aufsätzen, Dissertationen und Fachbüchern.

Besuchen Sie uns im Internet:

http://www.grin.com/

http://www.facebook.com/grincom

http://www.twitter.com/grin_com

Universität Bremen
Studiengang Kulturwissenschaft
WS 2004/05
Einführung in die Kulturwissenschaft

Pierre Bourdieus Text „Verstehen"

von Julia Blehm

Inhaltsverzeichnis

Einleitung 3
Bearbeitung der Fragestellung 4
    Perspektive 4
    Forschungsbeziehung 5
    „Gewaltfreie" Kommunikation 5
    Intellektuelle Liebe 6
    Konstruktion 6
    Soziale Realität 7
Fazit 8
Literaturhinweise: 8

Einleitung

In dieser Arbeit gehe ich der Frage nach, wie Pierre Bourdieu in seinem Text „Verstehen" begründet, dass die Qualität der Forschungsbeziehung grundlegend wichtig sei für das Verstehen einer sozialen Realität. Dazu setze ich mich mit der Perspektive und dem Schreibstil des Autors auseinander und stelle zentrale Begriffe vor. Dabei werden die Umstände und Störfaktoren verdeutlicht, denen die Forschungsbeziehung ausgesetzt ist, und die Methoden erläutert, welche die Qualität fördern. Schließlich lege ich das Resultat eines gelungenen Interviews vor, nämlich das soziologische Ziel „Verstehen einer sozialen Realität" und komme zum Fazit.

Die Grundlage meiner Ausarbeitung liefert das Kapitel „Verstehen" aus dem von Pierre Bourdieu 1997 herausgegebenen Buch „Das Elend der Welt: Zeugnisse und Diagnosen alltäglichen Leidens an der Gesellschaft". Dieser Text dient als Einleitung zu einer Studie, kann aber auch wegen seiner Ausführlichkeit und Seriosität als ein kleines Lehrbuch zur wissenschaftlichen Vorbereitung, Durchführung und Interpretation von Interviews wirken.

Der Autor dieses Textes, Pierre Bourdieu, gilt als einer der bedeutendsten zeitgenössischen französischen Soziologen. Als Schlüssel zum Verständnis seines Werks werden allgemein die Begriffe „Feld", „Habitus" und „symbolisches Kapital" angesehen. Letztes verleiht einem Individuum die Fähigkeit, soziale Interaktionen zu steuern und gemäß seinen Bedürfnissen und Interessen lenken zu können. Stets bemühen sich die Mitglieder verschiedener sozialer Gruppen um Erwerb, Akkumulation und strategischen Einsatz dieses Kapitals. Der Begriff „symbolisches Kapital" spiegelt sich im Text wieder, in den Begriffen „symbolische Gewalt" und „Asymmetrie".

Bearbeitung der Fragestellung

Perspektive

Bourdieu stellt in dem Text „Verstehen" die Ziele seiner Forschungsarbeit und die Prinzipien für die Interviews vor, die sich bei ihm und seinen Mitarbeitern im Laufe der Zeit herauskristallisiert haben. Dabei schildert er aus der Perspektive eines Forschers, wobei er die wissenschaftliche Sachlichkeit bewusst reduziert, indem er sich persönlich einbringt. Dies verdeutlichen die Formulierungen wie „denn ich glaube" (Bourdieu 1997: 779), „Denn eigentlich neigen wir dazu" und „Wir kennen alle diese Erzählungen" (Bourdieu 1997: 787). Auch scheint er manchmal die Perspektive des Befragten einzunehmen. So fordert er Konzentration im Zuhören, „[...] um hinter diese allgemeinen Floskeln zu blicken, anhand derer ein jeder von uns sein kleines Elend wie das größte Unglück erlebt und davon berichtet. Da wir alle „Ichs" zu sein glauben und wie alle anderen den Anspruch auf Einzigartigkeit erheben [...]" (Bourdieu 1997: 788). Dies ist auch zu erkennen an seiner Einsicht über den „guten Willen und Entgegenkommen" der Befragten, „auf so törichte, beliebige und deplazierte Fragen zu antworten" (Bourdieu 1997: 782). So präsentiert er mit diesen Formulierungen Respekt für die Befragten und Identifikation mit ihnen. Ebenfalls verweist der Autor darauf, dass die vorgestellte soziologische Forschungsarbeit nicht nur eine Wissenschaftliche ist, also eine „Praxis, die reflektiert und methodisch sein kann" (Bourdieu 1997: 780) und eine Persönliche, die auf „eine Art intellektueller Liebe" (Bourdieu 1997:791) basiert. Er erklärt die soziologische Arbeit, die sich mit der Gegenwart auseinandersetzt und Aufklärung der Öffentlichkeit anstrebt als eine „historische Aussage" (Bourdieu 1997:801) und einen „politischen Akt" (Bourdieu 1997:800).

Pierre Bourdieu zielt besonders auf Verbindung von Erkenntnis und Realität, Theorie und Praxis. Er kritisiert wissenschaftliche Disziplinen mit ihren festgefahrenen Methoden und ihrer Distanz zum realen Leben. Bourdieu weist hingegen jahrelange Erfahrungen, Respekt vor dem Einzelnen und sensibilisierte Beobachtung der Realität vor (Bourdieu 1997:Vg. 779-780). So hatte Bourdieu z.B. „[...] ganz zufällig in der Metro ein Gespräch zwischen zwei [...] Frauen mitangehört." (Bourdieu 1997: 794), welches die notwendige Offenheit und Anteilnahme des Zuhörers präsentiert. Das Lesen dieses Textes, der eine Einführung zu der „vorliegenden Forschungsarbeit" (Bourdieu 1997:779) darstellt, soll dem Leser den Zugang zu der „Konstruktions- und Verstehensarbeit" (Bourdieu 1997:780) ermöglichen.

Der Autor richtet seinen Text an eine breite Leserschaft und bemüht sich um deren Aufmerksamkeit, wie es z.B. Ausrücke „Wie wir sehen" (Bourdieu 1997:790) und „Wir sehen"(Bourdieu 1997:800) bezeugen. Auch kennzeichnet sich der Text durch eine übersichtliche Gliederung . So unterteilt Bourdieu das Kapitel in mehrere Abschnitte und benennt sie in „Eine „gewaltfreie" Kommunikation", „Das Aufdrängen einer Problematik", „Eine geistige Übung", „Der Widerstand gegen die Objektivierung", „Eine realistische Konstruktion" und „Die Risiken der Niederschrift". Zur Verbildlichung führt er auch mehrere Beispiele und Vergleiche an.

Forschungsbeziehung

Bourdieu erklärt eine Forschungsbeziehung als eine „[...] soziale Beziehung, die ihre [...] Effekte auf die Ergebnisse ausübt, die man erhält"(Bourdieu 1997:780), da sie unter dem Zwang der gesellschaftlichen Strukturen stattfindet. Doch wegen dem Anspruch der Erkenntnis hat der Soziologe als Aufgabe die Effekte, „Verzerrungen" (Bourdieu 1997:780), wahrzunehmen und zu beherrschen. Bourdieu bezeichnet diese Fähigkeit als „reflexartige Reflexivität"(Bourdieu 1997:780). Verzerrungen entstehen z.B. durch unterschiedliche Vorstellungen des Interviewers und des Befragten über den Gegenstand der Umfrage, durch nicht eindeutig bestimmte oder manipulierende Spielregeln des Interviewers - oder definierte eingreifende Spielregeln des Befragten - und durch die zwischen den beiden herrschende gesellschaftliche „Asymmetrie". Besonders droht Gefahr, wenn der Interviewer bewusst oder unbewusst durch sein größeres symbolisches Kapital oder auch kulturelles Kapital „symbolische Gewalt" (Bourdieu 1997:782) ausübt.

„Gewaltfreie" Kommunikation

So fordert Bourdieu eine „gewaltfreie" Kommunikation, in der der Forscher dem Grundsatz „des aktiven und methodischen Zuhörens" (Bourdieu 1997:782) folgt. Damit stellt sich der Interviewer mit Vorwissen über die Situation des Befragten diesem zu Verfügung, indem er sich diesem im Sprachniveau und seiner Präsentation anpasst und zum offenen Reden ermuntert. Das Ziel ist, die gesellschaftliche Distanz zu überwinden. Besonders wichtig ist für die „gewaltfreie" Kommunikation der Aufbau der sozialen Nähe und Vertrautheit unter den Gesprächpartnern. Der Befragte wird von der Angst vor Objektivierung befreit und es herrscht ein gemeinsames Zeichenrepertoire unter den beiden Gesprächspartnern, so werden unverfälschte Antworten und Missverständnisse vermieden. In den Fällen, in denen der Aufbau der gesellschaftlichen Nähe als unmöglich erscheint, werden zur Reduzierung der symbolischen Gewalt Personen ausgewählt, die aus dem gleichen sozialen Raum kommen wie die gewünschten Befragten. Diese Personen werden in den Interviewtechniken ausgebildet. (Vgl. Bourdieu 1997:784) Doch all zu natürlich verlaufende Diskurse mit zu viel Ähnlichkeit und Nähe zwischen dem Interviewer und dem Befragten liefern keine gültigen Ergebnisse, weil das Wesentliche, das Interessante für die Forschung als etwas Selbstverständliches empfunden und damit nicht erwähnt wird. So werden solche Interviews, die fast nur noch soziolinguistische Daten besitzen, aussortiert.

Intellektuelle Liebe

Falls die soziale Distanz und die Angst vor der Objektivierung immer noch vorherrschend sind, kann der Soziologe mit der Macht der „intellektuellen Liebe" den Verzerrungen entgegenwirken. Sie ist positive Haltung gegenüber der natürlichen Welt, der Realität. Sie bedeutet Offenheit und Respekt für das Gegenüber in gleichzeitiger „Selbstvergessenheit" (Bourdieu 1997:788). Durch die Ausblendung der zeitlichen Zwänge und die „sokratische" Haltung während des Gesprächs eröffnet der Interviewer einen außergewöhnlichen Diskurs. Durch die Formulierungshilfen - ähnlich denen von Sokrates in seinen philosophischen Dialogen mit seinen Schülern - und die sogenannten „feed-back-Zeichen" (Bourdieu 1997: 783) wird dem Interviewpartner eine Gelegenheit geboten, sich selbst und die Welt zu erklären und zu entdecken.

Konstruktion

Auch erfordert ein gelungenes Interview Vorbereitung, Planung und ein „enormes Wissen" (Bourdieu 1997:787), das sowohl aus theoretischer Kenntnis als auch aus Vorarbeit, z.B. in Form vorausgehender Gespräche, entsteht. Das vorhandene Wissen stärkt die Fähigkeit, „[...] unter dem Druck der Befragungssituation, Strategien der Selbstpräsentation, angemessenen Erwiderungen, Zustimmungsbekundungen, passende Fragen usw. zu improvisieren [...]"(Bourdieu 1997:797), um dem Befragten zur Offenbarung zu verhelfen.
Intervention und Konstruktion sind notwendig, um die Vorabkonstruktionen und Vorverständnisse von der gesellschaftlichen Wirklichkeit, die sich in den kleinsten wissenschaftlichen Operationen widerspiegeln und auch in dem Interviewer und dem Befragten verinnerlicht sind, aufzuspüren und zu kontrollieren. Trotz der Vorarbeit und des Improvisierens warnt Bourdieu vor der Gefahr des Produzierens von Meinungen seitens der Interviewer selbst. Er spricht dabei vom „Aufdrängen einer Problematik" (Bourdieu 1997:782). Eine unüberlegte Frage löst eine verfälschte Antwort aus, die sich wiederum auf die Interpretation des Forschers auswirkt.

So zeichnen die vorgestellten Aspekte, die Wahrnehmung und Kontrolle der „symbolischen Gewalt", die soziale Nähe und Vertrautheit, die intellektuelle Liebe und die Konstruktion, die Qualität der Forschungsbeziehung aus.

Soziale Realität

Die Qualität der Forschungsbeziehung ist wesentlich wichtig für das Verstehen und Erklären einer sozialen Realität. Unter sozialer Realität versteht Bourdieu die „situationsbedingte" (Bourdieu 1997:793), aktuelle Struktur der Interaktion, also das Interview, zum anderen aber die Struktur des gesellschaftlichen Raumes. Das Wissen, Denken und Handeln der gesellschaftlichen Akteure, also in diesem Falle der Befragten, stellen dabei den Ausgangspunkt jeder sozialen Erkenntnis dar. Deshalb ist die Interviewsituation auch für die Erlangung der Erkenntnisse über die Gesellschaft wichtig. Die handelnden Individuen und der soziale Raum bedingen einander. Von den verbalen und nicht verbalen Zeichen der Befragten, den Interviewergebnissen, erkennt der Forscher die objektiven Strukturen, in die Individuen eingebettet sind und die sie gleichzeitig organisieren. Also schließt der Soziologe von den Interviewergebnissen auf die Position, die der Einzelne im sozialen Raum einnimmt, und auf die Organisation dieses sozialen Raumes, um schließlich auf den Lebensstil und das Selbstbild des Einzelnen bzw. „auf die ganz einzigartige Komplexität ihres Agierens und Reagierens zurückzukommen"(Bourdieu 1997:793).

So führt ein gelungenes Interview, dass alle Voraussetzungen erfüllt, zu einem „generellen und genetischem Verständnis der Existenz des anderen " (Bourdieu 1997:786). Der Soziologe schafft es trotz gesellschaftlicher Distanz sich in seinen Interviewpartner gedanklich hineinzuversetzen, ohne sich selbst zu verlieren oder seine Position zu verlassen.

Fazit

Pierre Bourdieu beschreibt in diesem Text „Verstehen" die Voraussetzungen und Instrumente, die für das Erfassen und Verstehen einer sozialen Realität nötig sind. Auch zieht er die Aufmerksamkeit der Leser auf die Gefahren und die Schwierigkeiten hin, mit denen die soziologische Forschungsarbeit konfrontiert wird. Seine Ausführungen ergeben sich aus seinen eigenen jahrelangen Erfahrungen des Forschens und der tiefen und ernsten Auseinandersetzung mit der Soziologie als wissenschaftliche Disziplin.

Durch Wahrung der Prinzipien und Auswahl der Interviewpartner können bestmögliche Ergebnisse erreicht werden, doch ist auf Grund der Einzigartigkeit jeder einzelnen Interviewsituation der Ausgang dieser stets ungewiss.

Die behandelte Problematik erscheint mir sehr komplex, weil sie sich sowohl von üblichen quantitativen Methoden, als auch von den Qualitativen abgrenzt und hohe Ansprüche an den Forscher stellt, wie z.B. sich selbst zu objektivieren. Trotzdem habe ich mich gerne mit diesem Text auseinandergesetzt, da er mich nicht nur auf Feldforschung in beruflicher Hinsicht vorbereitet, sondern generell auf die zwischenmenschliche Kommunikation.

Literaturhinweise:

Bourdieu, Pierre (1997): Verstehen. In: Bourdieu, Pierre u. a. (Hrsg.): Das Elend der Welt – Zeugnisse und Diagnosen alltäglichen Leidens an der Gesellschaft. Konstanz: UVK, Univ.- Verl. Konstanz: 779-802

BEI GRIN MACHT SICH IHR WISSEN BEZAHLT

- Wir veröffentlichen Ihre Hausarbeit, Bachelor- und Masterarbeit

- Ihr eigenes eBook und Buch - weltweit in allen wichtigen Shops

- Verdienen Sie an jedem Verkauf

Jetzt bei www.GRIN.com hochladen und kostenlos publizieren